AF193342

Рассказы на испанском
Уровень A1 - Книга 2
- С АУДИО -

для изучения испанского языка как иностранного

Скачайте аудио к этой книге:

Шаг 1: Зайдите на Esidioma.com/extras

Шаг 2: Введите этот код:

EMTcc

Нужна помощь? Напишите нам: info@Esidioma.com

Esidioma
esidioma.com

Содержание

Изучайте испанский с нами!
Если Вы хотите улучшить свои языковые навыки,
у нас есть все, что Вам нужно.

Copyright © Esidioma
Тексты: Хосе Антонио Сантьяго
Дизайн: команда Esidioma
Изображения: pexels.com
ISBN - 978-84-16971-64-0
Legal Deposit - AS 01359-2024

Un piloto en México
Пилот в Мексике

Vocabulario

1.	piloto (m.)	пилот
2.	volar	летать
3.	tener miedo	бояться
4.	peligroso	опасный
5.	por cierto	кстати
6.	levantarse	вставать
7.	pronto	рано
8.	dormir	спать
9.	viajar	путешествовать
10.	país (m.)	страна
11.	conocer	знать, знакомиться
12.	inteligente	умный
13.	aburrido	скучный
14.	hacer ejercicio	заниматься спортом
15.	correr	бегать
16.	beber	пить
17.	fumar	курить
18.	comida (f.)	еда
19.	sano	здоровый
20.	regalo (m.)	подарок
21.	camiseta (f.)	футболка
22.	significar	значить, означать
23.	letra (f.)	буква
24.	leer	читать
25.	mundo (m.)	мир

Un piloto en México

¡Hola! Este es mi amigo Erick. Vive en Tijuana, en México, y es piloto. No me gusta el trabajo de Erick. ¿Sabéis por qué? Porque no me gusta volar. Tengo miedo a volar. Creo que volar es peligroso.

Por cierto, Erick se levanta muy pronto. Tiene que ir al aeropuerto a las cinco de la mañana. ¡A las cinco de la mañana! Yo no puedo hacer eso porque me gusta dormir. Por eso, yo no puedo ser piloto.

Mi amigo Erick viaja mucho. Siempre está en un país nuevo. Conoce muchas ciudades. Además, habla cinco idiomas. ¡Madre mía! Erick es muy inteligente. Yo no hablo otros idiomas. ¡Qué pena!

Пилот в Мексике

Привет! Это мой друг Эрик. Он живет в Тихуане, в Мексике, и он пилот. Мне не нравится работа Эрика. Вы знаете, почему? Потому что я не люблю летать. Я боюсь летать. Я считаю, что летать опасно.

Кстати, Эрик встает очень рано. Он должен ехать в аэропорт в пять утра. В пять утра! Я не могу это делать, потому что мне нравится спать. Поэтому я не могу быть пилотом.

Мой друг Эрик много путешествует. Он всегда в новой стране. Он знает много городов. Кроме того, он говорит на пяти языках. Вот это да! Эрик очень умный. Я не говорю на других языках. Как жаль!

Después de trabajar, Erick siempre va a la cafetería del aeropuerto. Le gusta hablar con otros pilotos. Los pilotos siempre tienen historias interesantes. Mis historias son siempre aburridas.

A Erick le gusta hacer ejercicio. Cuando está en Tijuana, va a correr todos los días. Además, no bebe alcohol y no fuma. Y solo come comida sana. ¡Erick es un superhéroe!

Hoy voy a ver a Erick. Dice que tiene un regalo para mí:

—Es una camiseta de Japón. ¿Te gusta?

—Sí, es muy bonita. Pero ¿qué significan estas letras japonesas? No sé leer japonés.

—Aquí dice: "Mi amigo no habla idiomas. No le gusta volar. No quiere hacer ejercicio. Pero es mi mejor amigo".

—¡Me encanta! Eres el mejor amigo del mundo.

После работы Эрик всегда идет в кафе аэропорта. Он любит разговаривать с другими пилотами. У пилотов всегда есть интересные истории. Мои истории всегда скучные.

Эрик любит заниматься спортом. Когда он находится в Тихуане, он бегает каждый день. Кроме того, он не пьет алкоголь и не курит. И ест только здоровую пищу. Эрик – супергерой!

Сегодня я собираюсь встретиться с Эриком. Он говорит, что у него есть для меня подарок:

– Это футболка из Японии. Тебе нравится?

– Да, она очень красивая. Но что означают эти японские буквы? Я не умею читать по-японски.

– Здесь написано: «Мой друг не владеет языками. Он не любит летать. Он не хочет заниматься спортом. Но он мой лучший друг».

– Как мне нравится! Ты лучший друг в мире.

Ejercicios

---

1 Escoge la preposición correcta
Выбери правильный предлог

1. Tengo miedo **por / a** volar.
2. **De / Por** cierto, Erick se levanta muy pronto. Tiene que ir **del / al** aeropuerto **de / a** las cinco **de / por** la mañana.
3. Después **de / a** trabajar, Erick va **en / a** la cafetería.
4. Le gusta hablar **para / con** otros pilotos.
5. Erick dice que tiene un regalo **para / por** mí.
6. Eres el mejor amigo **al / del** mundo.

2 Escoge la respuesta correcta
Выбери правильный ответ

1. ¿Quién tiene miedo a volar?
   a) Erick b) los pilotos c) el amigo de Erick
2. ¿Cuántos idiomas habla Erick?
   a) cinco b) dos c) cuatro
3. ¿Quién tiene siempre historias interesantes?
   a) los japoneses b) el amigo de Erick
   c) los pilotos
4. ¿A dónde va Erick después de trabajar?
   a) a correr b) a la cafetería c) a dormir
5. ¿Qué regalo tiene Erick para su amigo?
   a) un viaje a Japón b) una camiseta c) un libro japonés

3 Completa las frases con las siguientes palabras:
Закончи предложения следующими словами:

todos / levanta / letras / mejor /
peligroso / pena

1. Creo que volar es _____ .
2. Erick se _____ muy pronto.
3. Eres el _____ amigo del mundo.
4. Va a correr _____ los días.
5. Yo no hablo otros idiomas. ¡Qué _____ !
6. ¿Qué significan estas _____ japonesas?

4 Combina las columnas:
Соедини колонки:

1. Mis historias son
2. No sé leer
3. Erick no bebe alcohol y no
4. Siempre está en un país
5. No quiero hacer
6. Erick solo come comida

a. fuma
b. aburridas
c. nuevo
d. japonés
e. sana
f. ejercicio

Soluciones

Ejercicio 1: 1–a, 2–Por, al, a, de, 3–de, a, 4–con, 5–para, 6–del
Ejercicio 2: 1-c, 2-a, 3-c, 4-b, 5-b
Ejercicio 3: 1–peligroso, 2–levanta, 3–mejor, 4–todos,
5–pena, 6–letras
Ejercicio 4: 1–b, 2–d, 3–a, 4–c, 5–f, 6–e

De Sevilla a la Luna
От Севильи до Луны

Vocabulario

1.	Luna (f.)	Луна
2.	gente (f.)	люди
3.	cosa (f.)	вещь
4.	famoso	известный
5.	hace calor	жарко
6.	verano (m.)	лето
7.	espacio (m.)	космос
8.	hace frío	холодно
9.	increíble	невероятный
10.	fácil	легкий, простой
11.	noticia (f.)	новость
12.	próximo	следующий
13.	lunes (m.)	понедельник
14.	semana (f.)	неделя
15.	estrella (f.)	звезда
16.	mes (m.)	месяц
17.	volver	возвращаться
18.	Tierra (f.)	Земля
19.	preocupado	обеспокоенный
20.	contento	довольный
21.	mirar	смотреть
22.	cielo (m.)	небо
23.	actriz (f.)	актриса
24.	enfadarse	злиться
25.	reírse	смеяться

De Sevilla a la Luna

Hola, soy Ana. Vivo en Sevilla, la ciudad más bonita de España. Pero mis amigos dicen que vivo en la Luna. ¿Sabes por qué? Porque soy astronauta.

Trabajo en la Agencia Espacial Española. Aquí trabaja gente de muchos países. Hacemos cosas muy interesantes. Creo que tengo el mejor trabajo del mundo.

Me gusta mi trabajo y me gusta esta ciudad. Sevilla es una ciudad muy famosa. Todo el mundo conoce Sevilla, ¿verdad? Aquí hace mucho calor en verano. ¡Me encanta! ¿Quieres saber por qué? Porque en el espacio hace mucho frío.

От Севильи до Луны

Привет, я Ана. Я живу в Севилье, самом красивом городе Испании. Но мои друзья говорят, что я живу на Луне. Знаешь, почему? Потому что я космонавт.

Я работаю в Испанском космическом агентстве. Здесь работают люди из разных стран. Мы делаем очень интересные вещи. Я думаю, что у меня лучшая работа в мире.

Мне нравится моя работа, и мне нравится этот город. Севилья – очень известный город. Все знают Севилью, не так ли? Летом здесь очень жарко. Я это обожаю! Хочешь знать почему? Потому что в космосе очень холодно.

Viajar al espacio es increíble. Pero no es fácil. Hay que hacer muchas cosas: hay que estudiar, hay que hacer ejercicio, hay que trabajar mucho... Pero hoy tengo buenas noticias. El próximo lunes voy a ir al espacio. Sí, la semana que viene voy a ver las estrellas. ¡Qué bien!

Mi padre dice: "¿Por qué quieres ir al espacio? Es muy peligroso". Y yo digo: "Papá, no te preocupes. El mes que viene voy a volver a la Tierra". Mi padre está preocupado y contento al mismo tiempo. Dice: "Buen viaje. Voy a mirar al cielo todos los días".

Mi hija me dice: "Yo también quiero ser astronauta". Y yo le digo: "No, es muy peligroso. ¿No quieres ser doctora o actriz?". Entonces, ella se enfada: "¡No! Quiero ser astronauta. Quiero vivir en la Luna, como tú". Yo me río. No es mala idea. Podemos vivir juntas en Sevilla o en la Luna.

Полететь в космос – это невероятно. Но это непросто. Нужно многое сделать: нужно учиться, нужно заниматься спортом, нужно много работать... Но сегодня у меня хорошие новости. В следующий понедельник я полечу в космос. Да, на следующей неделе я увижу звезды. Как здорово!

Мой отец говорит: «Почему ты хочешь лететь в космос? Это очень опасно». А я говорю: «Папа, не волнуйся. В следующем месяце я вернусь на Землю». Мой отец обеспокоен и рад одновременно. Он говорит: «Счастливого пути. Я буду смотреть на небо каждый день».

Моя дочь говорит мне: «Я тоже хочу быть космонавтом». А я ей говорю: «Нет, это очень опасно. Ты не хочешь быть врачом или актрисой? Тогда она злится: «Нет! Я хочу быть космонавтом. Я хочу жить на Луне, как ты». Я смеюсь. Это неплохая идея. Мы можем жить вместе в Севилье или на Луне.

Ejercicios

1 Escoge la preposición correcta
Выбери правильный предлог

1. Vivo **en / a** Sevilla, la ciudad más bonita **de / a** España.
2. Aquí hace mucho calor **por / en** verano.
3. El mes que viene voy **a / de** volver **a / de** la Tierra.
4. Mi padre está preocupado y contento **al / en** mismo tiempo.
5. Voy a mirar **por el / al** cielo todos los días.
6. Aquí trabaja gente **de / por** muchos países.

2 Escoge la respuesta correcta
Выбери правильный ответ

1. ¿Cuál es la profesión de Ana?
   a) doctora b) actriz c) astronauta
2. ¿Qué tiempo hace en Sevilla en verano?
   a) hace calor b) hace frío c) hace mucho viento
3. ¿Cuándo va a ir Ana al espacio?
   a) el mes que viene b) el próximo lunes
   c) en verano
4. ¿Quién está preocupado por Ana?
   a) su padre b) su hija c) los astronautas
5. ¿Cuándo va a volver Ana a la Tierra?
   a) este mes b) la semana que viene c) el mes que viene

3 Completa las frases con las siguientes palabras:
Закончи предложения следующими словами:

estrellas / espacio / contento /
cielo / juntas / enfada

1. Viajar al _____ es increíble.
2. La semana que viene voy a ver las _____ .
3. Voy a mirar al _____ todos los días.
4. Mi padre está preocupado y _____ al mismo tiempo.
5. Mi hija se _____: "¡No! Quiero ser astronauta".
6. Mi hija y yo podemos vivir _____ en Sevilla o en la Luna.

4 Combina las columnas:
Соедини колонки:

1. Tengo el mejor trabajo del   a. días
2. Sevilla es una ciudad muy   b. frío
3. En el espacio hace mucho   c. mundo
4. Hoy tengo buenas   d. noticias
5. Voy a mirar al cielo todos los   e. Tierra
6. El mes que viene voy a volver a la   f. famosa

Soluciones

Ejercicio 1: 1–en, de, 2–en, 3–a, a, 4–al, 5–al, 6–de
Ejercicio 2: 1-c, 2-a, 3-b, 4-a, 5-c
Ejercicio 3: 1–espacio, 2–estrellas, 3–cielo, 4–contento, 5–enfada, 6–juntas
Ejercicio 4: 1–c, 2–f, 3–b, 4–d, 5–a, 6–e

Mark, un actor en Argentina
Марк, актер в Аргентине

Vocabulario

1.	cine (m.)	кинотеатр
2.	película (f.)	фильм
3.	teatro (m.)	театр
4.	actor (m.)	актер
5.	rápido	быстро
6.	clase (f.)	урок
7.	restaurante (m.)	ресторан
8.	practicar	практиковать
9.	cliente (m.)	клиент
10.	palabra (f.)	слово
11.	simpático	приятный, дружелюбный
12.	playa (f.)	пляж
13.	martes (m.)	вторник
14.	típico	типичный
15.	probar	пробовать
16.	plato (m.)	блюдо
17.	rico	вкусный
18.	fin (m.) de semana	выходные
19.	vender	продавать
20.	palomitas (f. pl.)	попкорн
21.	bebida (f.)	напиток
22.	póster (m.)	постер, плакат
23.	niño (m.)	мальчик, ребенок
24.	tener razón	быть правым

Mark, un actor en Argentina

¿Te gusta ir al cine? ¿Te gusta ver películas? A Mark le gusta el cine y el teatro. Por eso, él es actor. En su país, Mark es muy famoso. Todo el mundo lo conoce. Pero nadie lo conoce en México o Argentina. Por eso, quiere aprender español.

Ahora vive en Quilmes. Es una ciudad muy bonita en Argentina. Vive aquí para aprender español. Quiere aprender rápido. Por eso, va a clases de español todos los días.

Además, trabaja en un restaurante. Le gusta su trabajo porque puede practicar español. Habla con los clientes y aprende palabras nuevas.

Марк, актер в Аргентине

Ты любишь ходить в кино? Тебе нравится смотреть фильмы? Марк любит кино и театр. Поэтому он актер. В своей стране Марк очень известный. Все его знают. Но никто его не знает ни в Мексике, ни в Аргентине. Вот почему он хочет выучить испанский.

Сейчас он живет в Кильмесе. Это очень красивый город в Аргентине. Он живет здесь, чтобы изучать испанский. Он хочет выучить его быстро. Поэтому он ходит на уроки испанского каждый день.

А ещё он работает в ресторане. Ему нравится его работа, потому что он может практиковать испанский. Он говорит с клиентами и изучает новые слова.

Mark está contento en Quilmes. Le gusta vivir en Argentina. Dice que la gente es simpática. Además, hay una playa muy bonita. ¡Y el tiempo es perfecto! Por cierto, todos los martes va a un restaurante de comida típica argentina. Le gusta probar platos nuevos. "¿Cómo se llama esto? ¡Mmmmmh, me encanta! ¿Y esto? ¡Madre mía! ¡Qué rico!".

Los fines de semana, Mark trabaja en un cine. Vende palomitas y bebidas. Hoy, hay una película muy interesante. ¿Sabes por qué? Porque Mark está en esa película. Por cierto, Mark está en el póster de la película.

Un niño viene y mira el póster. Después, mira a Mark y dice: "Señor, ¿es usted actor?". Mark dice: "Sí. Soy actor, pero ahora trabajo aquí". Y el niño dice: "Claro. Todos los actores trabajan en un cine". Mark se ríe porque el niño tiene razón.

Марк счастлив в Кильмесе. Ему нравится жить в Аргентине. Он говорит, что люди приятные. Кроме того, здесь очень хороший пляж. И погода идеальная! Кстати, каждый вторник он ходит в ресторан, где типичная аргентинская еда. Ему нравится пробовать новые блюда. «Как это называется? М-м-м, мне очень нравится! А это? Боже мой! Как вкусно!»

По выходным Марк работает в кинотеатре. Он продает попкорн и напитки. Сегодня будет очень интересный фильм. Знаешь почему? Потому что Марк в этом фильме. Кстати, Марк есть на постере фильма.

Подходит мальчик и смотрит на постер. Затем он смотрит на Марка и говорит: «Сеньор, вы актер?» Марк говорит: «Да. «Я актер, но сейчас я работаю здесь». И мальчик говорит: «Конечно. «Все актеры работают в кино». Марк смеется, потому что мальчик прав.

Ejercicios

1 Escoge la preposición correcta
Выбери правильный предлог

1. ¿Te gusta ir **en / al** cine?
2. **A / De** Mark le gusta el cine. **Por / De** eso, él es actor.
3. Vive en Argentina **a / para** aprender español.
4. **Con / Por** cierto, todos los martes va a un restaurante **de / en** comida típica argentina.
5. Mark está **al / en el** póster **de / por** la película.
6. Mark va **a / de** clases **a / de** español todos los días.

2 Escoge la respuesta correcta
Выбери правильный ответ

1. ¿Dónde es famoso Mark?
   a) en Argentina b) en México c) en su país
2. ¿Cuándo trabaja Mark en el cine?
   a) todos los días b) los fines de semana c) los martes
3. ¿A dónde va Mark los martes?
   a) a un restaurante b) al cine c) a clases de español
4. ¿Qué vende Mark en el cine?
   a) comida argentina b) pósters c) palomitas y bebidas
5. ¿Por qué está Mark en el poster de la película?
   a) porque habla español b) porque es actor
   c) porque vende palomitas

3 Completa las frases con las siguientes palabras:
Закончи предложения следующими словами:

fines / película / típica / practicar /
tiempo / famoso

1. Le gusta su trabajo porque puede _____ español.
2. Los _____ de semana, Mark trabaja en un cine.
3. Mark va a un restaurante de comida _____ argentina.
4. En su país, Mark es muy _____ .
5. Mark está en el póster de la _____ .
6. Hay una playa bonita y el _____ es perfecto.

4 Combina las columnas:
Соедини колонки:

1. Le gusta probar platos
2. La gente en Argentina es
3. Un niño viene y mira el
4. Mark se ríe porque el niño tiene
5. En el restaurante, habla con los
6. Quiere aprender español

a. razón
b. clientes
c. simpática
d. nuevos
e. rápido
f. póster

Soluciones

Ejercicio 1: 1–al, 2–A, Por, 3–para, 4–Por, de, 5–en el, de,
6–a, de
Ejercicio 2: 1-c, 2-b, 3-a, 4-c, 5-b
Ejercicio 3: 1–practicar, 2–fines, 3–típica, 4–famoso,
5–película, 6–tiempo
Ejercicio 4: 1–d, 2–c, 3–f, 4–a, 5–b, 6–e

Mi amiga vive en Cuba
Моя подруга живет на Кубе

Vocabulario

1.	pintor (m.)	художник
2.	tercero	третий
3.	isla (f.)	остров
4.	para siempre	навсегда
5.	pintar	рисовать
6.	alegre	веселый
7.	triste	грустный
8.	color (m.)	цвет
9.	amarillo	желтый
10.	azul	синий, голубой
11.	sol (m.)	солнце
12.	mar (m.)	море
13.	importante	важный
14.	difícil	трудный
15.	cuadro (m.)	картина
16.	comprar	покупать
17.	turista (m.)	турист
18.	mujer (f.)	стоить
19.	costar	женщина
20.	entender	понимать
21.	nada	ничего
22.	pensar	думать
23.	algo	что-то
24.	primero	первый
25.	útil	полезный

Mi amiga vive en Cuba

¿Conocéis a mi amiga Alison? Es pintora y vive en Cuba. Este es su tercer mes aquí. Dice que Cuba es una isla muy bonita. Quiere vivir aquí para siempre.

A Alison le gusta pintar cosas bonitas y alegres. Nunca pinta nada triste. Sus colores favoritos son el amarillo y el azul. Por eso le gusta pintar el sol, la playa y el mar.

Mi amiga Alison no habla español. ¡Qué pena! No le gusta estudiar. Además, no tiene tiempo. Solo tiene tiempo para pintar. ¿Es importante aprender idiomas? Alison piensa que no es importante. Dice que aprender idiomas es difícil.

Моя подруга живет на Кубе

Вы знаете мою подругу Алисон? Она художница и живет на Кубе. Это её третий месяц здесь. Она говорит, что Куба – очень красивый остров. Она хочет остаться жить здесь навсегда.

Алисон любит рисовать красивые и веселые вещи. Она никогда не рисует ничего грустного. Её любимые цвета – желтый и синий. Поэтому она любит рисовать солнце, пляж и море.

Моя подруга Алисон не говорит по-испански. Как жаль! Она не любит учиться. Кроме того, у неё нет времени. У неё есть время только на рисование. Важно ли изучать языки? Алисон думает, что это не важно. Она говорит, что изучать языки трудно.

Alison vende sus cuadros en la calle. Pero nadie los compra. Ella no sabe por qué. Sus cuadros son grandes y bonitos. Además, aquí hay muchos turistas. Y los turistas siempre compran muchas cosas, ¿verdad? ¿Por qué no compran sus cuadros?

Una mujer viene y mira un cuadro. Le gusta mucho. Quiere comprarlo. Así que dice: "¿Cuánto cuesta este cuadro?". Alison no entiende nada. No sabe qué decir. La señora dice: "¿Habla usted español? ¿Puedo comprar este cuadro?". Alison no dice nada. Entonces, la señora dice "gracias" y se va. Alison piensa: "Tengo que hacer algo".

Ahora Alison estudia español todos los días. Un día, un turista viene y dice: "¡Qué cuadro tan bonito! ¿Cuánto cuesta?". Alison lo entiende todo. ¡Va a vender su primer cuadro! ¡Qué bien! Saber idiomas es muy útil, ¿verdad?

Алисон продает свои картины на улице. Но никто их не покупает. Она не знает почему. Её картины большие и красивые. Кроме того, здесь очень много туристов. А туристы всегда покупают много вещей, не так ли? Почему они не покупают её картины?

Одна женщина подходит и смотрит на картину. Ей очень нравится. Она хочет купить её. Так что она говорит: «Сколько стоит эта картина?» Алисон ничего не понимает. Она не знает, что сказать. Женщина говорит: «Вы говорите по-испански? Можно купить эту картину?» Алисон ничего не говорит. Тогда дама говорит «спасибо» и уходит. Алисон думает: «Надо что-то делать».

Теперь Алисон изучает испанский каждый день. Однажды подходит турист и говорит: «Какая красивая картина! Сколько она стоит?». Алисон все понимает. Она продаст свою первую картину! Как здорово! Знать языки очень полезно, не так ли?

Ejercicios

Escoge la preposición correcta
Выбери правильный предлог

1. Alison vende sus cuadros **en / a** la calle.
2. Quiere vivir aquí **por / para** siempre.
3. Alison no sabe **por / para** qué nadie compra sus cuadros.
4. **A / De** Alison le gusta pintar cosas bonitas y alegres.
5. ¡Qué bien! ¡Va **por / a** vender su primer cuadro!
6. Solo tiene tiempo **de / para** pintar.

Escoge la respuesta correcta
Выбери правильный ответ

1. ¿Qué pinta Alison?
   a) cosas bonitas y alegres b) cosas tristes c) a los turistas
2. ¿Cómo son los cuadros de Alison?
   a) pequeños b) grandes c) pequeños y bonitos
3. ¿Dónde vende Alison sus cuadros?
   a) en la calle b) en la playa c) en una tienda
4. ¿Por qué la mujer no compra el cuadro?
   a) porque no tiene dinero b) porque no le gusta
   c) porque no sabe cuánto cuesta
5. ¿Cuáles son los colores favoritos de Alison?
   a) azul y rojo b) amarillo y blanco c) amarillo y azul

3 Completa las frases con las siguientes palabras:
Закончи предложения следующими словами:

cuadro / isla / tan / útil /
cuesta / tercer

1. Cuba es una _____ muy bonita.
2. Este es su _____ mes aquí.
3. Saber idiomas es muy _____ , ¿verdad?
4. Una mujer viene y mira un _____ .
5. La mujer dice: "¿Cuánto _____ este cuadro?
6. ¡Qué cuadro _____ bonito!

4 Combina las columnas:
Соедини колонки:

1. Sus cuadros son grandes y   a. pintar
2. Alison nunca pinta nada   b. bonitos
3. Le gusta pintar el sol y la   c. siempre
4. Alison solo tiene tiempo para   d. va
5. La señora dice "gracias" y se   e. triste
6. Quiere vivir aquí para   f. playa

Soluciones

Ejercicio 1: 1–en, 2–para, 3–por, 4–A, 5–a, 6–para
Ejercicio 2: 1-a, 2-b, 3-a, 4-c, 5-c
Ejercicio 3: 1–isla, 2–tercer, 3–útil, 4–cuadro, 5–cuesta, 6–tan
Ejercicio 4: 1–b, 2–e, 3–f, 4–a, 5–d, 6–c

Soy un abogado en Chile
Я адвокат в Чили

Vocabulario

1. abogado (m.)   адвокат
2. empresa (f.)   фирма, компания
3. chino   китайский
4. capital (f.)   столица
5. millón (m.)   миллион
6. persona (f.)   человек
7. casi   почти
8. hijo (m.)   сын
9. escribir   писать
10. falta (f.)   ошибка
11. ortografía (f.)   орфография
12. salir de casa   выходить из дома
13. por la mañana   утром
14. por la noche   вечером, ночью
15. compañero (m.) de trabajo   коллега по работе
16. alemán   немецкий
17. a veces   иногда
18. francés   французский
19. oficina (f.)   офис
20. un poco   немного, чуть-чуть
21. mejorar   улучшить
22. vecino (m.)   сосед
23. abrir   открывать
24. puerta (f.)   дверь

Soy un abogado en Chile

Hola, ¿qué tal? Me llamo Tom y vivo en Chile. Trabajo de abogado en una empresa china. Vivo en la capital, en Santiago de Chile.

Santiago de Chile es una ciudad muy grande. Aquí viven millones de personas. Hay gente de todo el mundo, pero casi todos hablan español. Yo soy de una ciudad pequeña, pero me gusta vivir aquí.

Vivo con mi mujer y mis hijos. Ellos ya hablan español muy bien. Yo lo hablo muy mal. Nunca sé qué decir. Además, cuando escribo, tengo muchas faltas de ortografía. Mi mujer dice que tengo que estudiar todos los días.

Я адвокат в Чили

Привет! Как дела? Меня зовут Том, и я живу в Чили. Я работаю адвокатом в китайской компании. Я живу в столице, в Сантьяго-де-Чили.

Сантьяго-де-Чили — это очень большой город. Здесь живут миллионы людей. Есть люди со всего мира, но почти все говорят по-испански. Я из маленького города, но мне нравится здесь жить.

Я живу с женой и детьми. Они уже очень хорошо говорят по-испански. Я говорю очень плохо. Я никогда не знаю, что сказать. Кроме того, когда я пишу, у меня много орфографических ошибок. Моя жена говорит, что я должен учиться каждый день.

Sí, tengo que aprender español, pero no tengo tiempo. Tengo que trabajar todos los días. Salgo de casa por la mañana y vuelvo por la noche. Nunca tengo tiempo para estudiar.

En el trabajo, casi todo el mundo habla chino. Por eso no puedo practicar mi español. Pero mi chino ahora es muy bueno. Tengo compañeros de trabajo alemanes. Con ellos hablo en alemán. Así que, ahora mi alemán es casi perfecto. Y, a veces, también practico el francés. En esta oficina la gente habla muchos idiomas, pero nadie habla español.

Estoy un poco triste porque no puedo mejorar mi español. Mi mujer me dice: "¿Por qué no vas a hablar con los vecinos?". Mmmmh, bueno, puedo probar. Voy a casa de los vecinos. Abren la puerta... ¡Son japoneses! Sé un poco de japonés. Así que, ahora puedo practicarlo. ¡Qué bien!

Да, я должен изучать испанский, но у меня нет времени. Я должен работать каждый день. Я выхожу из дома утром и возвращаюсь вечером. У меня никогда нет времени на учебу.

На работе почти все говорят по-китайски. Поэтому я не могу практиковать свой испанский. Но мой китайский сейчас очень хорош. У меня есть немецкие коллеги. Я говорю с ними по-немецки. Так что теперь мой немецкий почти идеален. А иногда я практикую ещё и французский. В этом офисе люди говорят на многих языках, но никто не говорит по-испански.

Мне немного грустно, потому что я не могу улучшить свой испанский. Жена мне говорит: «Почему бы тебе не пойти поговорить с соседями?» Х-м-м, ладно, я могу попробовать. Я иду к соседям. Они открывают дверь... Они японцы! Я немного знаю японский. Так что теперь я могу практиковать и его. Отлично!

Ejercicios

---

1 Escoge la preposición correcta
Выбери правильный предлог

1. Trabajo **de / por** abogado **en / a** una empresa china.
2. Cuando escribo, tengo muchas faltas **de / con** ortografía.
3. Salgo **de / a** casa **de / por** la mañana y vuelvo **de / por** la noche.
4. Nunca tengo tiempo **para / con** estudiar.
5. **De / A** veces, también practico el francés.
6. Yo soy **de / en** una ciudad pequeña.

2 Escoge la respuesta correcta
Выбери правильный ответ

1. ¿Dónde vive Tom?
 a) en China b) en una ciudad pequeña c) en Chile
2. ¿Quién tiene faltas de ortografía?
 a) Tom b) su mujer y sus hijos c) sus compañeros chinos
3. ¿Qué idioma NO se habla en la oficina?
 a) el chino b) el español c) el alemán
4. ¿Por qué está Tom un poco triste?
 a) no quiere vivir en Chile b) su mujer está triste
 c) no puede mejorar su español
5. ¿Por qué Tom no practica español con los vecinos?
 a) no tiene vecinos b) son japoneses c) no sabe qué decir

3 Completa las frases con las siguientes palabras:
Закончи предложения следующими словами:

abogado / capital / compañeros / casi /
idiomas / puerta

1. Santiago de Chile es la _____ de Chile.
2. En el trabajo, _____ todo el mundo habla chino.
3. Los vecinos abren la _____ ¡y son japoneses!
4. Trabajo de _____ en una empresa china.
5. Tengo _____ de trabajo alemanes.
6. En esta oficina la gente habla muchos _____ .

4 Combina las columnas:
Соедини колонки:

1. Aquí viven millones de   a. japonés
2. Ahora mi alemán es casi   b. mañana
3. Sé un poco de   c. personas
4. Voy a casa de los   d. escribo
5. Tengo muchas faltas cuando   e. vecinos
6. Salgo de casa por la   f. perfecto

Soluciones

Ejercicio 1: 1–de, en, 2–de, 3–de, por, por, 4–para, 5–A, 6–de
Ejercicio 2: 1-c, 2-a, 3-b, 4-c, 5-b
Ejercicio 3: 1–capital, 2–casi, 3–puerta, 4–abogado,
5–compañeros, 6–idiomas
Ejercicio 4: 1–c, 2–f, 3–a, 4–e, 5–d, 6–b

Greta trabaja en Colombia
Грета работает в Колумбии

44

Vocabulario

1.	doctor (m.)	врач
2.	hospital (m.)	больница
3.	marido (m.)	муж
4.	enfermero (m.)	медбрат
5.	pareja (f.)	пара
6.	juntos	вместе
7.	desayunar	завтракать
8.	diferente	разный, различный
9.	parte (f.)	часть
10.	paciente (m.)	пациент
11.	doler	болеть, причинять боль
12.	pregunta (f.)	вопрос
13.	por supuesto	конечно
14.	respuesta (f.)	ответ
15.	libro (m.)	книга
16.	enfermo	больной
17.	examen (m.)	контрольная, экзамен
18.	matemáticas (f. pl.)	математика
19.	colegio (m.)	школа
20.	sentirse	чувствовать себя
21.	hasta luego	пока, до свидания
22.	necesitar	нуждаться в чем-то
23.	profesional	профессиональный
24.	curar	лечить
25.	medicina (f.)	лекарство

Greta trabaja en Colombia

Greta vive en Bogotá, la capital de Colombia. Es doctora y trabaja en un hospital. En el hospital también trabaja su marido. Él es enfermero y se llama Luis. Son una pareja perfecta.

Todos los días, Greta y su marido se levantan juntos. Desayunan juntos y van al hospital juntos. Pero no trabajan juntos. Un hospital es como una ciudad pequeña. Aquí trabaja mucha gente. Greta y Luis trabajan en diferentes partes del hospital.

Trabajar en un hospital no es fácil. Todos los días, Greta habla con mucha gente. A veces, viene un paciente y dice: "Ay, doctora, me duele mucho aquí.

Грета работает в Колумбии

Грета живет в Боготе, столице Колумбии. Она врач и работает в больнице. Её муж тоже работает в больнице. Он медбрат, и его зовут Луис. Они идеальная пара.

Каждый день Грета и её муж встают вместе. Они вместе завтракают и вместе едут в больницу. Но они не работают вместе. Больница как маленький город. Здесь работает много людей. Грета и Луис работают в разных частях больницы.

Работать в больнице непросто. Каждый день Грета говорит со многими людьми. Иногда приходит пациент и говорит: «Ах, доктор, у меня здесь сильно болит.

¿Qué me pasa?". Entonces, Greta tiene que hacer muchas preguntas. Y por supuesto, tiene que entender las respuestas. Por eso tiene que hablar español bien.

Greta compra muchos libros para mejorar su español. Luis dice: "Greta, ¿por qué quieres aprender más? Tu español es perfecto". Y su mujer dice: "No, a veces no entiendo a mis pacientes".

Hoy, el hijo de Greta y Luis está enfermo. "Papá, me duele todo. ¿Qué me pasa?". Luis no sabe qué hacer. Entonces, viene Greta, mira a su hijo y dice: "Hoy tienes un examen de matemáticas y no quieres ir al colegio, ¿verdad?". El niño dice: "Bueno… sí, mamá, tengo un examen… y… y… ya me siento mejor. Hasta luego". Luis se ríe y dice: "Greta, no necesitas mejorar tu español. Ya eres muy profesional. Puedes curar a tus pacientes sin medicinas".

Что со мной?». Тогда Грета должна задавать много вопросов. И конечно, она должна понимать ответы. Поэтому она должна говорить по-испански хорошо.

Грета покупает много книг, чтобы улучшить свой испанский. Луис говорит: «Грета, почему ты хочешь ещё учиться? У тебя идеальный испанский». А его жена говорит: «Нет, иногда я не понимаю своих пациентов».

Сегодня сын Греты и Луиса болен. «Папа, у меня всё болит. Что со мной?» Луис не знает, что делать. Тогда приходит Грета, смотрит на сына и говорит: «Сегодня у тебя контрольная по математике, и ты не хочешь идти в школу, не так ли?» Мальчик говорит: «Ну... да, мама, у меня контрольная... и... и... мне уже лучше. Пока!» Луис смеется и говорит: «Грета, тебе не нужно улучшать свой испанский. Ты уже очень профессиональна. Ты можешь лечить своих пациентов без лекарств».

Ejercicios

---

1 Escoge la preposición correcta
Выбери правильный предлог

1. Hoy tengo un examen **de / en** matemáticas.
2. Puedes curar **de / a** tus pacientes **sin / por** medicinas.
3. **Por / En** supuesto, Greta tiene que entender las respuestas.
4. Greta y Luis trabajan **a / en** diferentes partes **al / del** hospital.
5. Todos los días, Greta habla **con / sin** mucha gente.
6. Greta compra libros **por / para** mejorar su español.

2 Escoge la respuesta correcta
Выбери правильный ответ

1. ¿De qué trabaja el marido de Greta?
   a) es doctor b) es enfermero c) es profesor
2. ¿Por qué compra Greta muchos libros?
   a) los compra para su hijo b) a su marido le gusta leer
   c) porque quiere mejorar su español
3. ¿A quién no entiende Greta a veces?
   a) a sus pacientes b) a su hijo c) a su marido
4. ¿Por qué el hijo de Greta no quiere ir al colegio?
   a) tiene un examen b) está enfermo c) no le gusta
5. ¿De qué es el examen?
   a) de español b) de matemáticas c) de medicina

 3 Completa las frases con las siguientes palabras:
Закончи предложения следующими словами:

medicinas / duele / siento / preguntas /
diferentes / compra

1. Greta y Luis trabajan en _____ partes del hospital.
2. Un paciente dice: "Doctora, me _____ mucho aquí".
3. Greta tiene que hacer muchas _____ .
4. Su hijo dice: "Sí, mamá, ya me _____ mejor".
5. Puedes curar a tus pacientes sin _____ .
6. Greta _____ muchos libros para mejorar su español.

4 Combina las columnas:
Соедини колонки:

1. Un hospital es como una ciudad   a. pacientes
2. Hoy el hijo de Greta está   b. pequeña
3. Aquí trabaja mucha   c. colegio
4. A veces, no entiendo a mis   d. gente
5. El hijo de Greta no quiere ir al   e. enfermo
6. Hoy tienes un examen de   f. matemáticas

Soluciones

Ejercicio 1: 1–de, 2–a, sin, 3–Por, 4–en, del, 5–con, 6–para
Ejercicio 2: 1-b, 2-c, 3-a, 4-a, 5-b
Ejercicio 3: 1–diferentes, 2–duele, 3–preguntas, 4–siento,
5–medicinas, 6–compra
Ejercicio 4: 1–b, 2–e, 3–d, 4–a, 5–c, 6–f

Un restaurante en Perú
Ресторан в Перу

Vocabulario

1. hermana (f.)	сестра
2. sur (m.)	юг
3. cocinero (m.)	повар
4. italiano	итальянский
5. centro (m.)	центр
6. preguntar	спрашивать
7. quién	кто
8. cada	каждый
9. secreto (m.)	секрет
10. normalmente	обычно
11. redondo	круглый
12. cuadrado	квадратный
13. delicioso	вкусный
14. jefe (m.)	начальник, босс
15. idea (f.)	идея
16. amable	вежливый, дружелюбный
17. ayudar	помогать
18. comentario (m.)	комментарий
19. comer	есть, обедать
20. peruano	перуанский
21. mil (m.)	тысяча
22. sopa (f.)	суп
23. postre (m.)	десерт
24. mexicano	мексиканский
25. madre (f.)	мать

Un restaurante en Perú

Hola. Soy Matteo y esta es mi hermana Paula. Ahora vivimos en Lima, en Perú. No somos de aquí. Somos de Palermo, una ciudad del sur de Italia. Somos cocineros y tenemos un restaurante italiano en el centro de la ciudad.

Mucha gente nos pregunta: "¿Os gusta la pizza?". Y nosotros decimos: "Sí, claro. ¿A quién no le gusta la pizza?". Cada cocinero tiene su secreto. Normalmente, las pizzas son redondas. Pero nuestras pizzas son cuadradas y deliciosas.

En el restaurante, Paula es la jefa. Ella tiene las mejores ideas. Es amable y siempre ayuda a todo el

Ресторан в Перу

Привет. Я Маттео, а это моя сестра Паула. Сейчас мы живем в Лиме, в Перу. Мы не отсюда. Мы из Палермо, города на юге Италии. Мы повара, и у нас есть итальянский ресторан в центре города.

Многие нас спрашивают: «Вы любите пиццу?» И мы говорим: «Да, конечно. Кто не любит пиццу?». У каждого повара свой секрет. Обычно пиццы бывают круглыми. Но наши пиццы квадратные и вкусные.

В ресторане Паула – начальница. У нее самые хорошие идеи. Она вежливая и всегда всем

mundo. Los clientes siempre están contentos. Y siempre escriben buenos comentarios en internet. Tenemos el mejor restaurante de la ciudad, porque Paula es la mejor jefa del mundo.

Me encanta comer. Por eso, me gusta vivir en Perú. La cocina peruana es increíble. En Perú, hay muchos platos diferentes. Y todos están muy buenos. La cocina peruana tiene dos mil quinientas sopas diferentes. Además, tiene más de doscientos cincuenta postres típicos. Son muchos, ¿verdad? ¡Quiero probarlos todos!

A veces, mis amigos me preguntan: "Matteo, ¿qué comida es mejor? ¿La peruana o la italiana?". Yo no sé qué decir. ¿Sabéis por qué? Porque mi comida favorita es la comida mexicana. Y también me gusta la cocina española. Además, la mejor comida del mundo es la comida de mi madre.

помогает. Клиенты всегда довольны. И они всегда пишут хорошие комментарии в интернете. У нас лучший ресторан в городе, потому что Паула – лучший босс в мире.

Я люблю поесть. Поэтому мне нравится жить в Перу. Перуанская кухня невероятна. В Перу есть много разных блюд. И все они очень вкусные. В перуанской кухне есть две тысячи пятьсот различных супов. Кроме того, в ней есть более двухсот пятидесяти типичных десертов. Это много, правда? Я хочу попробовать их все!

Иногда друзья спрашивают меня: «Маттео, какая еда лучше? Перуанская или итальянская?» Я не знаю, что сказать. Знаешь почему? Потому что моя любимая еда – мексиканская. А ещё мне нравится испанская кухня. И вообще, самая лучшая еда в мире – это еда моей мамы.

Ejercicios

----

1 Escoge la preposición correcta
Выбери правильный предлог

1. No somos **por / de** aquí. Somos **por / de** una ciudad **del / para** sur de Italia.
2. Tenemos un restaurante **al / en el** centro **de / a** la ciudad.
3. Hacemos la mejor pizza **al / del** mundo.
4. Paula siempre ayuda **con / a** todo el mundo.
5. Los clientes escriben buenos comentarios **a / en** internet.
6. La cocina tiene más **de / a** doscientos cincuenta postres.

2 Escoge la respuesta correcta
Выбери правильный ответ

1. ¿Quiénes son Matteo y Paula?
   a) son hermanos b) son marido y mujer
   c) son padre e hija
2. ¿Cómo son sus pizzas?
   a) pequeñas b) redondas c) cuadradas
3. ¿Quién tiene las mejores ideas?
   a) Matteo b) Paula c) su madre
4. ¿Qué cocina tiene dos mil quinientas sopas?
   a) la española b) la italiana c) la peruana
5. ¿Cuál es la comida favorita de Matteo?
   a) la comida de su madre b) la peruana c) la pizza

3 Completa las frases con las siguientes palabras:
Закончи предложения следующими словами:

cuadradas / sur / encanta / jefa /
postres / preguntan

1. En Perú hay más de doscientos cincuenta _____ típicos.
2. Palermo es una ciudad del _____ de Italia.
3. Paula es la mejor _____ del mundo.
4. Me _____ comer. Por eso, me gusta vivir en Perú.
5. Nuestras pizzas son _____ . ¿Quieres probarlas?
6. Mis amigos me _____ : "Qué comida es mejor?".

4 Combina las columnas:
Соедини колонки:

1. Normalmente las pizzas son   a. diferentes
2. Los clientes siempre están   b. redondas
3. Vivimos en Perú pero no somos   c. de aquí
4. Los clientes escriben buenos   d. contentos
5. En Perú hay muchos platos   e. sopas
6. La cocina peruana tiene 2500   f. comentarios

Soluciones

Ejercicio 1: 1–de, de, del, 2–en el, de, 3–del, 4–a, 5–en, 6–de
Ejercicio 2: 1-a, 2-c, 3-b, 4-c, 5-a
Ejercicio 3: 1–postres, 2–sur, 3–jefa, 4–encanta, 5–cuadradas, 6–preguntan
Ejercicio 4: 1–b, 2–d, 3–c, 4–d, 5–a, 6–e

Notas

Notas